Sabine Hans

ISS WAS, DOG!

KOSMOS

Rezepte Mensch

Rezepte Hund

inhalt

ISS WAS, DOG!

Kekse

Fisch

Fleisch

Suppen

Rohes

Getrocknetes

Würziges

Vorwort

Der Hund ist der beste Freund des Menschen. Aber ist der Mensch auch der beste Freund des Hundes? Wenn man in den Fressnapf schaut, könnte man daran manchmal zweifeln. Da sieht man Einheitskost aus Dose und Tüte, die sich der Mensch niemals zumuten würde. Erfreulicherweise kommen immer mehr Hundebesitzer zu der Erkenntnis, dass es neben Fertigfutter noch etwas anderes geben muss. Aber, was? Warum nicht das, was wir essen, nur hundeverträglich zubereitet.

ISS WAS DOG zeigt, wie leicht Sie für sich und gleichzeitig für Ihren vierbeinigen Freund gesund kochen können. Machen Sie sich und ihm die Freude und denken Sie bei Ihrem nächsten Einkauf daran, gleich eine Portion mehr zu kaufen. Es ist nämlich viel einfacher als man denkt, seinen Hund zu ernähren: Was Sie essen, schmeckt in der Regel auch ihm! Und ansonsten geht probieren über studieren. Natürlich essen Sie nicht beide aus einem Topf. Für Ihren Vierbeiner ist immer ein extra Hundetopf vorgesehen, denn auf das Salz in der Suppe, z.B., muss er verzichten.

Hätten Sie gewusst, was Sie aus Frischem, Rohem und Getrocknetem für sich und Ihren Hund zaubern können? ISS WAS DOG ist gespickt voll mit Basis-Rezepten, die Sie jederzeit »frei nach Schnauze« variieren können. Sie werden staunen, wie abwechslungsreich und fantasievoll die Küche für Mensch und Hund sein kann.

Wir wünschen Ihnen viel Spaß mit unserem
leckeren und informativen Lesefutter!

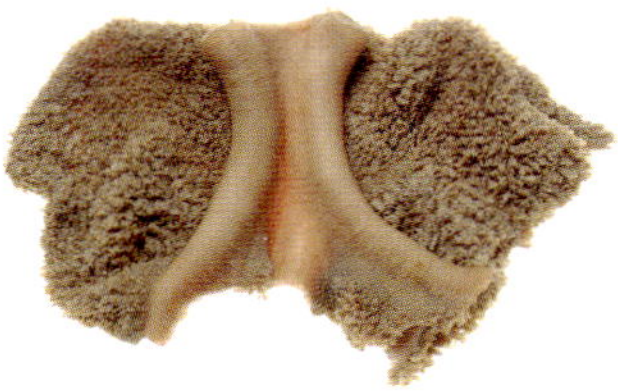

Wer gehört zu mir …?

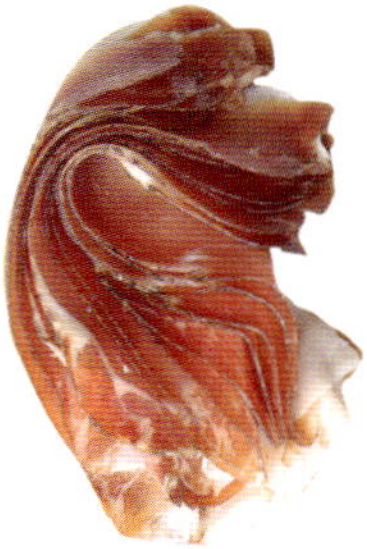

1b, 2h, 3e, 4d, 5a, 6c, 7g, 8f

Kekse

Hauptsaison fürs Keksebacken ist Weihnachten.
Für Hundebesitzer ist allerdings das ganze Jahr Saison!

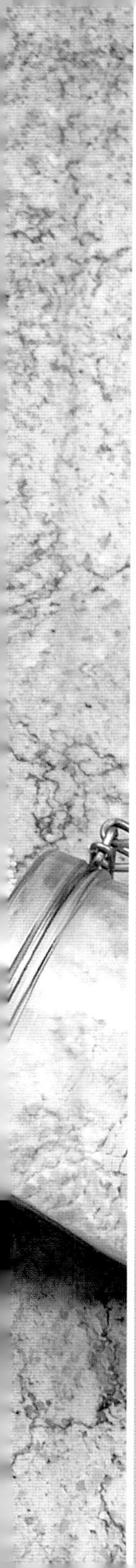

KEKSE

Kekse mit Hackfleisch oder Frischkäse, kräftigen Gewürzen oder auch Gemüse. Als Leckerli oder »Fressen to go«, als kleine Snacks oder Riesenbrocken: Die gebackenen Teilchen sind der Hunde liebster Fraß, und auch Menschen können sich davon eine Scheibe abschneiden.

Ausgetüftelte, süße kleine Wunderwerke müssen trotzdem bis Weihnachten warten, denn Zucker ist für Hunde genauso verboten wie Schokolade, die sogar tödlich sein kann. Kleine Hungervertreiber oder Belohnungshappen sind wunderbar und erübrigen auch uns so manche zu schnell verdrückte Currywurst.

Selbst eine Tagesmahlzeit inklusive Fleisch für Ihren Hund ist mit Haferflocken oder Körnerbrei gemischt schnell verbacken und zum Mitnehmen bestens geeignet. Auf weißes Mehl sollte für die Hunde möglichst verzichtet werden. Ebensogut können Sie die ganzen Körner verarbeiten.

Weihnachtlich duftet Ihre Wohnung bei diesen kleinen Ökoschnitten wahrscheinlich nicht. Viel Vitamine und Nährstoffe sind Ihnen durch die Körner, Nüsse und Gewürze aber garantiert. Kaufen Sie alle Zutaten in guter Ökoqualität, dann ist Ihr Energieloch nach dem Joggen mit ein paar Schnittchen wieder gefüllt. Und alle Krümel, die herunterfallen, futtert Hundi »heimlich« auf.

Kernige Zwischenmahlzeit

Für ca. 80 Kekse

- 200 g Roggen
- 200 g Rosinen
- 100 g getr. Mango
- 100 g Sonnenblumenkerne
- 50 g Sesamkerne
- 150 g Butter
- 3 TL Orangenaroma
- 2 TL getr. Rosmarin
- 1 EL Honig
- 1 Ei
- 60 g Kürbiskerne

• Roggen in einer Schüssel mit Wasser bedeckt über Nacht einweichen • 40 min im selben Wasser köcheln • Etwas abkühlen • Sonnenblumenkerne und Rosinen im Mixer leicht häckseln • Getrocknete Mango (evtl. vorher im Mixer feinmahlen) mit heißem Wasser bedecken • Den abgekühlten Roggen zu Brei mixen • Sesamkerne in einer Pfanne etwas anbräunen und mit Restwärme die Butter darin schmelzen • Das Ei verquirlen • Roggenbrei, Sesamkerne, Ei, Orangenaroma, Rosmarin und Honig in einer Schüssel zusammenrühren • Zu trockene Masse mit Wasser oder Öl verlängern • Backofen auf 150 °C vorheizen • Die Keksmasse auf einem mit Backpapier bedeckten Blech verstreichen • Nach 20 min Backen Quadrate anritzen • Die Kürbiskerne darüberstreuen, mit der Handfläche eindrücken • Nach weiteren 30 min Backzeit die Kekse herausnehmen.

Zubereitungszeit: 60 min Backzeit 50 min

Rosinen geben dem Vollkorn eine sehr schöne Süße und machen den Teig geschmeidig. Verändern Sie den Rosinenanteil nach Belieben.

Hunde lieben Kekse und sind damit leicht zu bestechen! Nehmen Sie statt der Rosinen in der Kernigen Zwischenmahlzeit für Ihren Hund einfach süße Mango. Im Ofen backen Sie für Hund und Frauchen beide Bleche zusammen. Belohnung für alle!

Freddys PowerCookies

Einkaufsliste Hund

- 200 g Roggen
- 100 g getr. Mango
- 50 g Kokosraspel
- 100 g Sonnenblumenkerne
- 50 g Sesamkerne
- 100 ml Olivenöl
- 1 TL Rosmarin
- Wasser nach Belieben
- 1 Ei
- Honig

• Roggen in einer Schüssel mit Wasser bedeckt über Nacht einweichen • 40 min im selben Wasser köcheln • Abkühlen lassen • Getrocknete Mango fein mahlen mit warmem Wasser bedecken • Das Ei verquirlen • Den abgekühlten Roggen mit den Sonnenblumen- und Sesamkernen zu Brei mixen • In einer großen Schüssel mit dem Olivenöl vermengen • Ei, Mango, Honig und Rosmarin dazugeben und weiterzurühren • Bei zu trockener Masse Wasser zugeben • Backofen auf 170 °C vorheizen • Die Keksmasse auf einem mit Backpapier bedeckten Blech verstreichen • Nach 20 min Backen Formen anstechen • Die Kokosraspel darüberstreuen, mit der Handfläche eindrücken • Nach weiteren 30 min Backzeit die Kekse herausnahmen.

Zubereitungszeit: 60 min

Backzeit: 50 min

Um Verwechslungen zu vermeiden, sind Hundeknochen-Förmchen statt der Quadrate sinnvoll.

Bei Hühnerleber bietet sich klassischerweise die Terrine bzw. das Parfait an. Kekse aus Leber sind daher vielleicht etwas gewöhnungsbedürftig. Umso größer die Überraschung, wie köstlich ein Leberkeks zum Beispiel im Salat oder als Opener zum Menü schmeckt – pur mit etwas Kürbiskernöl und kleingehackten Walnüssen. Auch als Picknick-Snack sind sie ein Vergnügen.

Leberschaum-Taler

Für 2 Personen

- 350 g Hühnerleber
- 100 g Reismehl (aus dem Asialaden)
- Butter zum Braten
- ca. 2 EL Olivenöl
- 100 g Quark
- 25 ml Milch
- getr. Thymian
- 2 Eier
- 70 ml Weinbrand

• Frisch gekaufte Leber mit Butter kurz al dente braten (kann auch Kaninchen oder Pute sein) • Die Hitze mit dem Weinbrand ablöschen und kurz weiterköcheln • Salzen und Pfeffern • Die abgekühlte Leber in der Küchenmaschine mixen, dabei vorsichtig und eher zaghaft arbeiten • In eine Schüssel geben und das Reismehl mit einer Gabel vorsichtig darunterheben • Danach den Quark hineinrühren • Stehen lassen • Die Thymianblätter in einem Mörser lange zerstoßen und unter das Olivenöl geben • Zu dem Fleisch hinzufügen • Die Eier in der Milch verquirlen und nun alles vermengen • Mit dem Löffel oder anderem Werkzeug kleine Häufchen auf Backpapier geben und bei 150 °C 70 min im Backofen garen lassen.

Zubereitungszeit: 60 min Backzeit: 70 min

Leberfleisch ist in seiner Konsistenz zum Verarbeiten für Kekse gut geeignet. Al dente gegart, bröselt sich das Fleisch leicht unter die anderen Zutaten.

Als kleiner Snack zwischendurch oder auf Salaten sind Leberschaum-Taler ein wunderbares Schmankerl.

In der Leber ist fettlösliches Vitamin A – gut für die Augen!

Ob zur Belohnung oder ausnahmsweise als Futterersatz gegeben: Diese Hundevariante der Leberschaumtaler wird schon beim Backen erschnuppert. Sollten Sie Leberkekse in der Manteltasche haben, sind unter Garantie auch andere Hunde an Ihnen interessiert, nicht nur Ihr eigener!

Lucys BelohnungsKekse

Einkaufsliste Hund

- 350 g Hühnerleber
- 100 g Reismehl
- Öl zum Braten
- ca. 2 EL Olivenöl
- 100 g Quark
- 25 ml Milch
- evtl. Thymian
- 2 Eier

• Die Leber mit ÖL *statt Butter* kurz al dente braten (kann auch Kaninchen oder Pute sein) • Die Hitze *mit Wasser statt Weinbrand* ablöschen und kurz weiterköcheln • Das abgekühlte Fleisch in der Küchenmaschine mixen, dabei vorsichtig und eher zaghaft arbeiten • In eine Schüssel geben und mit dem Reismehl vorsichtig vermischen • Nacheinander den Quark, den Thymian und das Olivenöl zum Fleisch hinzufügen • Die Eier in der Milch verquirlen und mit der Fleischmasse zu einer an schöne Schokolade erinnernden Masse gut vermengen • Mit dem Löffel oder anderem Werkzeug kleine Häufchen auf Backpapier geben und bei 150 °C 70 min im Backofen garen lassen.

Zubereitungszeit: 60 min

Backzeit: 70 min

In nur wenigen Schritten und Zutaten unterscheidet sich das Rezept von den Keksen, die Sie für sich selbst backen.

Aus Ziegenkäse, Rosmarin, Äpfeln, Honig und Teig können Sie entweder Kekse backen oder die Zutaten aufgerollt roh verwenden. Für die Hund-/Menschverpflegung und Zeitersparnis eine denkbare Variante. Möchten Sie auf den Duft von Gebackenem nicht verzichten, vermischen Sie die Zutaten nach Belieben mit einem Mürbeteig und backen sich herzhafte Kekse, die zu Wein genauso passen wie zu Ausflügen ans Meer.

Rollenspiel

Für 2 Rollen

- Fladenbrot
- ½ Salatkopf
- 1 Rolle Ziegenkäse
- 1 Apfel
- 1 Bd. Rosmarin
- 1 EL Bio-Honig
- evtl. Butter zum Bestreichen

• Die runden Fladenbrote auslegen • Nach Belieben mit Butter bestreichen • Salat darauf ausbreiten • 1 Zwischenlage Fladen drauflegen • Etwas Honig verteilen • Käse in kleinen Stückchen und Rosmarin gehackt auf einer Lage gleichmäßig verteilen • Sehr kleine Apfelwürfel schneiden und verteilen • Mit dem letzten Teigblatt alles kräftig zusammendrücken • Fest aufrollen • In Scheiben geschnitten oder gehälftet essen • Kurz im Backofen erwärmt, schmeckt der Käse übrigens noch besser.

Zubereitungszeit: 10 min

NANNAK

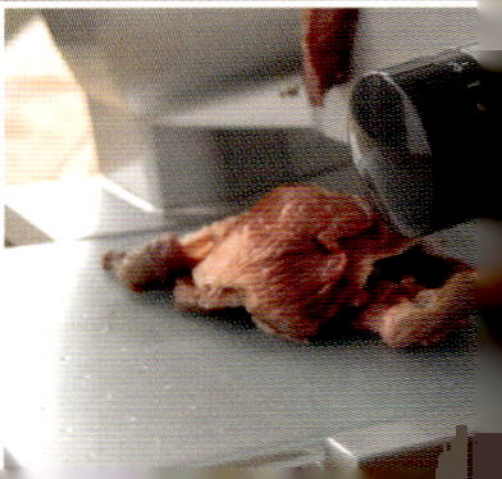

Rollenspiel – oder mal Tauschen? Ihre Ziegenrolle darf Ihr Hund 1:1 auch futtern. Im Gegenzug probieren Sie die herzhaften Hundezutaten sicher nicht freiwillig, oder? Versuch macht klug!

Fridas Rollentausch

Einkaufsliste Hund

- 170 g Rindfleisch
- 2 Karotten
- frische Sprossen
- ½ Salat
- Distelöl

• Rest Salat von der Ziegenrolle waschen und etwas zerkleinern • Möhren mit dem Sparschäler in Streifen schälen und kurz dünsten • Fleisch anfrieren und mit der Brotmaschine in dünne Scheiben schneiden • Der Reihenfolge nach erst den Salat, dann die Möhren, das Fleisch, die Sprossen übereinander legen und zum Schluß mit Distelöl beträufeln.

• Für menschgerechten Geschmack bei einer Extra-Rolle das Öl gegen etwas Butter zum Bestreichen tauschen • Keinen Salat nehmen • Alles mit Salz und Pfeffer würzen • Das Fleisch mit dem Rest Rosmarin, etwas Thymian oder Knoblauch würzen • Aufgerollt bei 200°C 15 Min. im Backofen lassen.

Backzeit: 15 Minuten Zubereitungszeit: 15 Minuten

Fisch

Essen aus dem Meer ist ein wahres Gottesgeschenk.

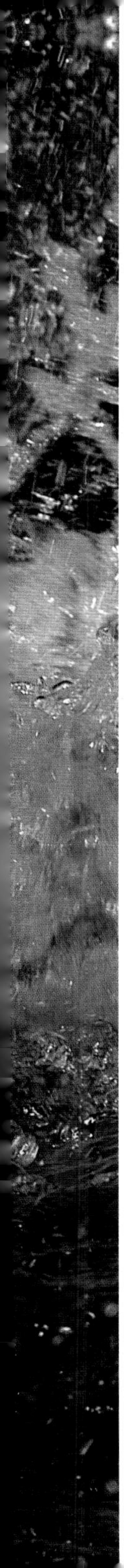

FISCH

Fische – es gibt unvergleichlich viele Varianten. Sowohl im Geschmack als auch in der Zubereitung bieten sie endlose Möglichkeiten, sodass der Einkauf beim Fischhändler unbedingt und immer lohnt. Kurze Garzeiten für alle Eiligen, biologisch vollwertiges Eiweiß, aber wenig Fett für die Ernährungsbewussten. Es bedarf wenig, um Leckeres aus Fisch zu machen – ein wenig Gewürz, Olivenöl, vielleicht extra Kräuter. Gewickelt in Alufolie ist er ohne großen Aufwand ein wunderbares Gericht für Sie allein oder einen Tisch voller Gäste. Achtgeben sollten Sie beim Fisch sehr genau auf die Garzeit, denn halbgar oder gar zu trocken macht er keinen Spaß.

Das facettenreiche Meeresleben besteht aus ca. 20.000 verschiedenen Arten von Salzwasserfischen. Dazu kommen noch 5.000 Süßwasserfische in Flüssen und Seen. Die vergleichsweise geringe Auswahl in den Verkaufsvitrinen ist nur ein Mini-Ausschnitt dieser eigenen Welt.

Für unsere Hunde ist wie gewohnt alles schön einfach. Kaufen Sie beim Fischhändler gleichzeitig auch für Ihren Hund ein. Fragen Sie nach Abfällen, gucken Sie nach Sonderangeboten oder nehmen Sie Bauchlappen für wenig Geld. Ihr Hund mag das alles – gekocht oder sogar roh, wenn sein Magen nicht allzu empfindlich ist. Dazu ein bisschen Gemüse aus dem Vorrat, etwas Öl oder auch Kokosraspeln und fertig ist das Doggymenü. Schnell, lecker und sehr gesund. Haben Sie noch Salatblätter im Gemüsefach, ist die Sache perfekt.

Für dicke Hunde sind Lachs, Hering und Makrele nicht diättauglich, aber alles andere immer und jederzeit.

Seelachsfilet ist der Billigklassiker unter den Meeresfrüchten und laut Greenpeace sollte er gerne öfter gekauft werden. Da Preis und Qualität unabhängig sind, spart hier keiner auf Geizebene. Der deutsche Klassiker »Seelachsfilet, paniert, mit Kartoffelsalat« wäre also ohne Panade, fein gewürzt und zu Klößchen geformt, nur eine von vielen weiteren Zubereitungsarten.

Seelachs
die Edelvariante

Für 4 Personen

- 700 g Seelachsfilet
- 150 g Schalotten
- 2 EL Estragon
- etwas Salz
- 2-3 Öko-Orangen
- 200 g Butter
- etwas rosa Pfeffer
- 2 Eier
- etwas Honig
- 2 Zucchini
- 1 Zitrone

• Die Schalotten schälen und sehr klein geschnitten dünsten • Den Fisch ein wenig vorschneiden und ca. 4 x 4 cm große Stücke in den Mixer geben • Estragon, Salz, etwas Zitronensaft, Honig, Pfeffer und die Schalotten zu dem Fisch geben und zu einem Brei mixen • Alles abgedeckt mindestens 2 Stunden im Kühlschrank durchziehen lassen • Die Schale der Orange vor dem Auspressen vorsichtig reiben • Den frisch gepressten Saft und die Schalenraspeln abgedeckt in den Kühlschrank stellen • Die Eier unter die Masse mischen • Aus dem Fischpürree mit den Händen Kugeln von ca. 6 cm Durchmesser formen und sie in einem Chinatopf oder Dampfeinsatz ca. 20 min stocken lassen • Ebenso die Zucchini ca. 15 min im Wasserdampf garen • Für die Orangenbutter die Butter in einer Pfanne bei niedriger Temperatur schmelzen, mit dem Orangensaft ablöschen und alles eine Weile bei mittlerer Hitze einköcheln lassen • Den Fisch auf das heiße Gemüse auf dem Teller dekorieren • Mit der Orangensaftbutter alles benetzen • Die geriebene Orangenschale auf die Klöße geben.

Zubereitungszeit: 75 min

Seelachse werden in der nördlichen Nordsee, vor Norwegen und bei Island gefangen. Nicht zu verwechseln mit Alaska-Seelachs.

Nach dem Mixen etwas ziehen lassen, damit sich die Aromen verteilen können.

Alles dünn aufgetragen vermeidet, dass seitlich Überschüssiges herausquillt.

Beim Fischhändler gab es heute im Sonderangebot Sardinen, die für kleine Hunde sehr gut geeignet sind. Aber auch alle anderen Fische können »frei nach Schnauze« eingerollt werden. Die Fladenbrote, die es in unterschiedlichsten Größen und Formen gibt, sind ideale Transportbehälter für frisches Futter. Selbst Fischgeruch bleibt lange darin verschlossen, sodass diese Rolle ideal ist, wenn unterwegs gefressen werden soll. Alles, was Ihr Hund verträgt, kann variiert werden. Soll z.B. ein Zwiebelkuchen für die Familie gebacken werden, schieben Sie einfach das Hundefressen mit in den Backofen hinein. Es hält im Kühlschrank mehrere Tage und kann scheibchenweise portioniert werden.

Curlys Sardinen

Einkaufsliste Hund

beim Fischhändler:

- 4 Sardinen

beim Türken:

- 1 Fladenbrote
- 1 Zucchini

im Vorratsschrank:

- 100 g Reis
- 1 Eigelb

• Die runden Fladenbrote auslegen • Zucchini, längs oder quer geschnitten, dünsten • Reis kochen (für Hunde immer doppelt so lange wie Ihren eigenen) • Den Fisch im Küchenmixer fein pürieren • Alles Gekochte abkühlen lassen • Auf den flachen Teigflächen alle Zutaten verteilen und wie Sushi fest zusammenrollen • Die fertigen Rollen mit Ei bestreichen und im Backofen kurz und heiß bräunen • Kurze, heiße Hitze entzieht dem Teig Flüssigkeit und dichtet nach außen ab • Zum Füttern je nach Hundegröße in Scheiben schneiden oder die ganze Rolle geben. Vorgeheizter Backofen: 220 °C.

Zubereitungszeit: ca. 45 min Backzeit: 10 min

Ein Schwarm ist ein Verband koordiniert schwimmender oder fliegender Lebewesen. So z.B. ein Fischschwarm. Auch für Verliebtheit wird das Wort Schwarm benutzt. Diese Dorade – in Alufolie gewickelt, exakt gegart und frisch serviert – wird ebenso Grund genug sein, ins Schwärmen zu geraten. Nehmen Sie also eine Dorade Royal, ausgenommen und entschuppt. Werfen Sie einen Blick auf Ihre frischen Kräutervorräte und das Tagesgericht ist nahezu fertig.

Dorade alaforno

Für 2 Personen

- 2 Doraden, je 400 g
- 1 Bd. Rosmarin
- ½ Bd. Thymian
- Olivenöl
- Salz, Pfeffer
- Zitronensaft

• Den ausgenommenen Fisch waschen, kurz bevor Sie ihn zubereiten • Rosmarin und Thymian zur Hälfte im Mörser zerstoßen • Salz, Pfeffer und etwas Zitronensaft zugeben • Mit 80 ml Olivenöl vermischen und auf dem ganzen Fisch verteilen • Restliche Kräuter in den Bauch des Fisches stopfen • In Alufolie verschließen und – wenn möglich – ca. 8 Stunden im Kühlschrank oder 3 Stunden bei Raumtemperatur durchziehen lassen • Die Alupäckchen 35 Minuten bei 200 °C garen • Den saftigen Fisch in der Folie servieren • Für kleinere oder größere Fische unbedingt die Garzeiten anpassen. Trockenes Fischfleisch schmeckt nicht mehr • Mit einer Marinade kann zu trocken gewordener Fisch gerettet werden.

Zubereitungszeit: 30 min Backzeit: 35 min

Das Auge des Fisches ist weiß verfärbt, wenn er gerade gar ist. Das Fleisch, an der Mittelgräte mit einer Gabel geprüft, sollte leicht flockig und nicht durchsichtig sein.

Große, sehr harte Gräten müssen entfernt werden. Kleine mitzufressen, ist kein Problem.

Zu den Doraden nehmen Sie fürs Hundemenü heute Lachsschwänze. Ein sehr fetter Fisch, für zu dünne Hunde ideal. Die gehaltvollen ganzen Kartoffeln sind in Kombination mit fetten Fischen wie Lachs, Hering, Thunfisch und Aal ein schönes Kraftpaket. Achten Sie auf das richtige Verhältnis zum Gewicht Ihres Hundes. Allen Vielfraßen, denen man ihre Leidenschaft ansieht, sollten die mageren Varianten reichen und Gemüse die Kartoffel ersetzen. Für Mimosen bringt der Lachstopf sicher ein paar Gramm mehr auf die Waage.

Jules Lachs

Einkaufsliste Hund

beim Fischhändler:

- 4 Lachsschwänze

im Gemüseladen:

- 300 g Kartoffeln

im Vorratsschrank:

- ½ EL Öl

• Die Lachsschwänze abspülen und entschuppen • Kartoffeln waschen und beides in ein ofenfestes Gefäß legen • Mit etwas Wasser auffüllen • Mit Alufolie abgedeckt zeitgleich mit der Dorade garen • Beim Herausnehmen der Dorade nach 35 min das Lachsgericht prüfen und eventuell die Garzeit noch verlängern • Dicke Hauptgräte herauslösen • Haut, Fleisch, Kartoffeln und das Öl in den Fressnapf geben • Abkühlen lassen.

Zubereitungszeit: 15 min Backzeit: 35 min

Fleisch

Fleisch ist das Lieblingsthema aller Hunde!

FLEISCH

Diskussionsstoff Fleisch: Es enthält in erster Linie biologisch hochwertiges Eiweiß – wichtig für den Erhalt und Wiederaufbau der Körperzellen. Zweitens Fett für Wärme und Energiezufuhr, viele Vitamine des Vitamin-B-Komplexes, Vitamin A und D. An Mineralien Kalzium, Natrium und Eisen. Ein deutscher Durchschnittsmund verzehrt im Jahr ganze 60 kg Fleisch, pro Tag also 168 g. Unsere Haustiere könnten sich freuen, denn anfallender Abfall wäre ihnen eine Delikatesse. Leider müssen sie in den meisten Fällen darauf verzichten, denn überwiegend wird aus der Dose oder Tüte gefüttert. In angemessener Menge und guter Qualität unbestritten okay. Es geht aber nichts über Frisches. Reicht das Geld für gutes Ökofleisch, ist es unbedingt zu empfehlen, denn ähnlich wie beim Gemüse sind Geschmack und Qualität einfach besser.

Rindfleisch ist saftig und voll im Geschmack. Schwierig manchmal, es zart zu halten. Kalbfleisch gelingt da besser, trocknet aber unter Umständen schnell aus. Schweinefleisch ist das billigste und somit meistgekaufte Fleisch. Sehr schmackhaft und saftig, aber auch fett, und zuviel davon eher ungesund. Hunde sollen gar kein rohes Schwein haben (Aujeszky-Viren sind tödlich für Hunde)! Verbreitet, leicht zu behandeln und relativ günstig sind alle Geflügel, die deshalb fast so häufig wie Schweinefleisch »verbraten« werden.

Für die Ernährung Ihres Hundes ist das Frischfleisch wichtigster Bestandteil. Kommt ein Drittel Gemüse, Frucht und Getreide dazu, lohnt es sich, einen guten Hundefleischer ausfindig zu machen. Es ist nicht hochkompliziert, seinen Hund selbst zu ernähren. Er ist lediglich ein individuelles Lebewesen wie andere auch – mit Vorlieben und Abneigungen. Denken Sie an Ihren Allesfresser beim täglichen Einkauf. Hier und da eine Portion extra für den Hundetopf ist sehr einfach zu managen. Reste nicht in den Müll, sondern in den Hundenapf zu geben, hat man sich schnell angewöhnt. Das Fleisch geben Sie leicht überbrüht, lange gekocht oder auch mal roh.

Huhn oder überhaupt Geflügel ist schnell und einfach zubereitet und misslingt selten. Diese etwas abgewandelte Variante des französischen Klassikers gibt jedem am Tisch seinen eigenen Brot- statt Römertopf, den Sie natürlich gleich mitessen können. Alle Aromen, die während des Garens in das Brot ziehen, geben dem Teig Geschmack. Außen knusprig, innen zart.

Coq au Pain

Für 2 Personen

für den Teig:

- 400 g Mehl
- 100 ml Wasser
- 2 EL Olivenöl
- 1 EL geklärte Butter
- Salz + Kräuter

für die Füllung:

- 1 Hühnerschenkel
- 2 Schalotten
- 50 g Champignons
- eine halbe Möhre
- kleine Kartoffeln

alles zum Braten:

- Kräuter der Provence
- ca. 125 ml Rotwein
- Butter, Öl
- Salz, Pfeffer
- 80 g Speck, dünn geschnitten

• Für den Teig Mehl in eine Schüssel sieben, mit gemahlenen Gewürzen, z.B. Rosmarinnadeln und Salz, vermischen • Wasser und Butter nach und nach in die Mitte träufeln und einarbeiten • 5 min kräftig kneten • Als Kugel in den Kühlschrank legen • Für die Füllungen währenddessen die klein geschnittenen Schalotten im Gemisch aus 1 Teil Butter und 1 Teil Öl andünsten • Champignons, Möhren und Kartoffeln klein geschnitten mit allen Gewürze zu den Schalotten geben • 8 min köcheln lassen • Mit dem Rotwein ablöschen • Beiseite stellen • Den Brotteig nach 40 min nochmal kneten und in 2 Teilen ausrollen • Huhn und Gemüse auf den Teig geben, den Speck darauf verteilen und die Brottasche verschließen • Im vorgeheizten Ofen bei 200 °C 60 min backen.

Zubereitungszeit: 90 min Backzeit: 60 Minuten

In Brot eingebackenes Essen ist auch fürs Picknick eine tolle Idee.

Sind alle Vorbereitungen für die Coq au Pain getroffen, kann das Hundefutter „in Angriff" genommen werden. Huhn ist speziell für empfindliche Tiere, die oft Magenprobleme haben, eine prima Schonkost. Das leicht verdauliche Fleisch wandert sehr schnell durch den Verdauungstrakt, ist sofort verwertet und verlässt den Magen, bevor er belastet wird. Zusammen mit etwas Füllstoff, wie sehr lange gekochtem oder gemahlenem Reis ein Dauerbrenner für Magentypen. Probieren Sie Huhn in allen Variationen. Ein Suppenhuhn ausgekocht, gemischt mit viel Gemüse, ein Schenkel auch mal roh. Es gibt kaum Hunde, die das nicht mögen oder vertragen.

Bellos ReisHuhnDiät

Einkaufsliste Hund

beim Schlachter:

- Hühnerbrust oder Gulasch

im Gemüseladen:

- Kartoffeln

Vorratsschrank:

- Reis, gemahlen

außerdem:

- viel Wasser

• Huhn und Kartoffeln würfeln und in die Form legen • Reis mehlähnlich fein mahlen • Kartoffel-Huhn-Mix damit flächig ca. 1 cm dick bedecken • Im Ofen bis zum Rand Wasser einfüllen • Mit den Brottaschen zusammen backen, dabei ab und an Wasser nachgießen • Abkühlen lassen und die harte Reiskruste ein paarmal durchstoßen • Das Durchkommen zum Huhn ist etwas Arbeit für den Hund. Gut, denn so kommt keine Langeweile auf.

Zubereitungszeit: 10 min   Backzeit: 60 min

Als ofentaugliches Gefäß kann auch mal ein Tonuntersetzer aus dem Gartencenter herhalten.

Für die Familie und gleichzeitig für den Hund zu kochen, ist außerordentlich bereichernd. Es fördert eine sinnvolle Resteverwertung und es weckt den Erfindergeist! Um weißes Mehl für Hunde zu vermeiden, sind Nudeln durch dünnes Fleisch ersetzt worden. Kurz gebratenes, zartes Rind, gefüllt mit al dente gegartem Gemüse. Auf einem Salat oder leichtem Gemüse angerichtet ein schnelles, leichtes Sommergericht.

CarneLoni

Für 2 Personen

für die Marinade:

- 180 ml Olivenöl
- 1 Knoblauchzehe
- 2 TL Dijonsenf mit Honig
- 2 TL guter Balsamicoessig
- 2 Msp rote Currypaste
- 1 TL Sojasauce
- 1 TL Ahornsirup

außerdem:

- 2 sehr dünne Rinderfilets
- 2 Mangold
- 2 rote Paprikaschoten
- Muskatnuss
- Petersilie
- Salz und Pfeffer
- 50 g Butter

• Für die Marinade Knoblauch, Dijonsenf, Balsamicoessig, Ahornsirup und Sojasauce sorgfältig verrühren • Rote Currypaste in etwas Olivenöl auflösen • Restliches Olivenöl auffüllen • Das Fleisch ausbreiten, die Marinade einreiben und 8 Stunden abgedeckt im Kühlschrank ziehen lassen.

• Für das Gemüse einen Mangold und die Paprika kurz blanchiert und längs geschnitten auf die Fleischscheiben legen • Salz, Pfeffer und gehackte Petersilie verteilen • Fleisch aufrollen und mit Bindfaden oder Klammern fixieren.

• Den zweiten Mangold quer klein schneiden, in wenig Salzwasser garen, abschrecken, in Muskatnussbutter schwenken • Warm stellen • Die Fleischrollen kurz und heiß in der Grillpfanne braten • Schnell und heiß auf dem Mangoldbett servieren.

Zubereitungszeit: 70 min Marinieren: 8 Stunden

Was früher als Roulade lange im Topf geschmort wurde, ist heute ein kurz gebratenes Filet. Saftiges, zartes Fleisch, mariniert oder auch sofort verarbeitet.

Roh, kurz kochend überbrüht oder durchgekocht: Maulfleisch, Euter, Pute.

RINDERLUNGE
Gibt es selten frisch, sondern eher getrocknet.

MAULFLEISCH
Gekocht und roh beim Futterhändler.

Carne

SCHLUND
Ist unangenehm selbst zu verarbeiten. Fertig geschnitten kaufen.

PANSEN
Gewaschen und, wie hier, ungewaschen sehr gesund!

HERZ
Mageres Muskelfleisch, eine günstige Variante.

WEICHE PUTENHÄLSE
Mit Knochen roh füttern. Nicht kochen!

GEHACKTES
Nicht mit Schweinefleisch gemischt verfüttern!

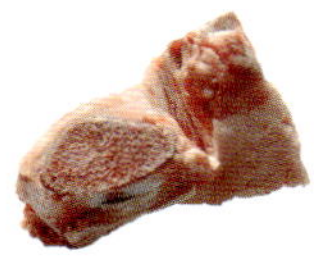

KALBSBRUST
Weiche Knochen, die alle Hunde vertragen.

Der Fleischer ist zweifellos das Paradies für Ihren Hund. Beim Einkauf für die Carne Lonis sollte unbedingt eine Fleischmahlzeit für ihn dabei sein, denn während des Wartens hat sich die Nase bereits auf Hochtouren gerochen. Ein Leckerli sofort ist also Pflicht! Mag Ihr Vierbeiner Rohes, bleibt die Küche heute kalt und beste Proteine des Fleisches erhalten. Möchten Sie nicht roh füttern, wird der Fleischbissen einfach überbrüht. Sie wissen am besten, was Ihrem Hund bekommt:

Lonely

bei Ihrem Metzger:

- Kalbsbrustknochen
- Putenhälse
- Herz
- Leber
- Rinderfleisch
- Innereien
- Kaninchen

beim Hundefleischer:

- Kuheuter
- Kehle
- Maulfleisch
- Blättermagen
- Pansen
- Schlund

Dass Hunde die Knochen Ihres gebratenen Koteletts bekommen sollen, aber keine rohen Hühnerschenkel fressen dürfen, ist Irrglaube. Geben Sie Knochen *nur* roh, und nehmen Sie nur die weichen von der Kalbsbrust oder auch Hühnerhälse. Für die Kalziumversorgung sind solche „Snacks" in Maßen optimal. Zu viele Knochen verhärten beim Verdauen und sind nicht gesund! Füttern Sie bislang kein frisches Fleisch, sondern meistens fertig gekauftes Futter, empfiehlt sich ein Frischetag in der Woche. Der Hundefleischer hat billigeres Fleisch, beim Metzger gibt es meist mehr Auswahl.

Feiner Auftakt für ein Menü

Suppen

SUPPEN

Ob als Vorspeise, Hauptspeise mit großen Einlagen und deftigen Zutaten oder süß und kalt als Nachtisch: Schon beim Gedanken an Suppe wird Frierenden augenblicklich warm ums Herz. Und dass sie als vollwertige Mahlzeit immer beliebter wird, beweist die wachsende Zahl der hippen Suppenbars.

Und Suppen für Hunde?

Das Salz, das Hunden in der Suppe fehlt, wird durch intensives Auskochen von Fisch, Fleisch oder Gemüse ersetzt. Alle anfallenden Reste können so gut und lecker verwertet werden. Die ausgekochten Zutaten gibt es heute, das Flüssige bleibt für den Folgetag und wird mit Haferflocken, Reismehl oder Couscous eingedickt.

Immer eine selbst gemachte Brühe zur Verfügung zu haben, bietet sich für Vielkocher unbedingt an. Als Vorrat aus dem Kühlschrank oder eingefroren, ersetzt sie den Brühwürfel und macht schnelle Gerichte schmackhaft und gesund. Für uns, aber auch für unseren vierbeinigen Liebling.

Erst Hühnersuppe, heiß und fettig, danach das Frikassee in kleinen Teigtöpfchen und grüne Götterspeise mit Vanillesoße als Nachtisch. Das frühere Sonntagsessen vor langweiligen Spaziergängen war eigentlich sehr lecker, da Huhn noch keine Massenware war. Für eine Suppe als Hauptgericht oder als Vorrat für anderes lohnt sich ein schönes großes Suppenhuhn vom Markt. Deutsche Hühnersuppe kennt jedes Kind, deshalb gibt's hier die chinesische Variante.

Chinesische Hühnersuppe

Für 2 Personen

- ca. 1,5 kg Suppenhuhn
- ca. 300 g Schinkenspeck
- 50 - 90 g Lauch
- 30 g frischer Ingwer
- 2 EL Reiswein
- 1 TL Salz
- 1 kleines Stück Tangerinenschale

• Das Huhn und den Schinken abwaschen • Mit 2 l kaltem Wasser in einem großen Topf zum Kochen bringen • Dann bei kleiner Hitze weiterköcheln, dabei Schaum immer abschöpfen • Nach 2 Stunden den klein geschnittenen Lauch, Ingwerscheiben, Tangerine, Reiswein und Salz in die Suppe geben • Noch eine Stunde köcheln lassen und immer mal wieder ein Löffelchen probieren • Alles durch ein Sieb gießen • Die gesunde Brühe sofort servieren oder zum Weiterverarbeiten kühl stellen bzw. einfrieren.

Zubereitungszeit: 30 min   Kochzeit: 3 Stunden

Die klare Hühnerbrühe ist in China fast schon Medizin. Junge Mütter bekommen einen Monat nach der Geburt jeden Tag Huhn und haben in den Wechseljahren dann keine Probleme!

Beim Schlachter nehmen Sie vom Huhn alle Reste, die Sie kriegen können. Das darf auch mal kistenweise Hühnerklein sein. Die Chinesische Hühnersuppe ist klare Brühe ohne Einlagen. Für Ihrem Freddi garen Sie viel Gemüse im Hühnertopf. Das schmeckt ihm einfach besser. Möhren, Sellerie, Kartoffeln, Fenchel, Kürbis, Zucchini, Mangold, Champignons oder Mais können Sie immer neu variieren. Kohl und Hülsenfrüchte machen einigen schwer zu schaffen. Kochen Sie lange im gleichen Fond.

Freddies Huhndesuppe

Einkaufsliste Hund

beim Schlachter:

- Hühnerkleinreste
- Hühnerkeulen

im Gemüseladen:

- Karotten, Sellerie, Kartoffeln

außerdem:

- Kräuter

● Fleisch und Gemüse mit 1-2 lt. Wasser in den Hundetopf geben ● Gemüse sehr grob schneiden, in den Topf geben und alles lange köcheln lassen ● Eine Tagesportion an Gemüse für den Napf herausfischen, Fleisch von den Knochen trennen, etwas Brühe mit Haferflocken angedickt dazugeben ● frische Petersilie oder andere Kräuter druntermischen ● Restliche Brühe ohne Knochen aufheben ● Frisches Gemüse am nächsten Tag neu im Sud kochen. ● Suppen heiß zu schlürfen ist einzig unser Vergnügen. Hunde vertragen alles nur auf lau abgekühlt.

Zubereitungszeit: 2 Stunden

Apfel-gefüllte Wan-Tans, Sellerie in Sternform, kräftige Hühnerbrühe und als Scharfmacher zum Schluss: Meerrettichraspeln! Herzhaft, süß, edel und nahrhaft. Ein schönes Rezept, wenn Sie bereits die Hühnersuppe von Seite 44 vorrätig haben. Ist die Basisbrühe gerade alle, nehmen Sie eine kräftige Sorte spanischen Specks für die Hühnerbrühe, so haben Sie einen kontrastreichen Geschmacksumfang zu dem süßen Apfel in den Teigtaschen.

Apfel Sellerie Suppe

Für 2 Personen

- 1 l Basis-Hühnerbrühe
- 10 Wan-Tan-Teigblätter
- 1 Rote Bete für die Farbe
- 1 Sellerie, in 0,5 cm dicken Scheiben (mit Keksförmchen ausgestochen)
- 4 süße, weichkochende Äpfel
- ½ Stange frischer Meerrettich

• Die Äpfel mit etwas Butter und wenig Wasser weichkochen • Abkühlen lassen • Sellerie schälen, in Scheiben schneiden und Sterne ausstechen • Die Teigtaschen auslegen, etwas anfeuchten, Äpfelhäufchen draufgeben und nach oben mit allen Fingern spitz zusammendrücken, bis sie richtig verschlossen sind • Den Sellerie mit der Roten Bete in etwas Salzwasser weichdünsten • In einem Dampfeinsatz die kleinen Apfeltaschen weichgaren (ca. 3 min) • Die Suppe in große, vorgewärmte Teller füllen • Den Sellerie und darauf die Wan-Tang Taschen legen • Meerrettich frisch darüberreiben und sofort servieren.

Zubereitungszeit: 45 min, nach der Basisbrühe

Wan-Tan-Taschen mit gekochtem, süßem Apfel gefüllt. Aufpassen beim Essen, die Hitze der Füllung ist nicht zu unterschätzen.

Mit Roter Bete zusammen gekochter Sellerie färbt sich schön rosa. Über die Sternenreste vom Sellerie wird sich Lina sicherlich sehr freuen.

Naturreis, Couscous, Haferflocken, Reste und Schalen. Getreide »butterweich« kochen oder als Flocken kaufen.

Sellerie ist von der Apfel-Sellerie-Suppe viel übrig geblieben und Äpfel mögen Hunde meistens sehr gerne. Andere Vorräte, wie Haferflocken oder Brotkrumen dazugemixt, dicken das Flüssige der Suppe ein und die Pampe wird Lina richtig gut schmecken.

Linas Sellerie & Reste

Einkaufsliste Hund

Reste:

- Sellerie
- Basisbrühe

im Gemüseladen:

- Äpfel und Sellerie

im Vorratsschrank:

- Distelöl
- Haferflocken
- alte Brotkrumen
- Couscous
- Kokosflocken
- Reis
- Salat

• Ihre Selleriereste geschnitten in die Hundebrühe geben • Äpfel vierteln, Kerne entfernen, in der Brühe garen • Brotkrumen, Haferflocken, Reis von gestern oder Couscous zum Andicken dazugeben • In den Hundenapf geben, abkühlen lassen • Kurz vorm Fressen etwas frischen Salat klein geschnitten, Kokosflocken und Distelöl untermischen.

Zubereitungszeit: ca. 30 min, nach der Basisbrühe

Tiefkühlkost für heiße Suppen. Gerade im Herbst und Winter bei ewig kalten Händen und verschnupften Nasen. Auf die Schnelle und am liebsten jeden Tag, wohlig warm und scharf gewürzt.

schnelle Suppe

Für 4 Personen

- ½ l Gemüsebrühe
- 400 ml Kokosmilch
- 1 Pkg. Blattspinat *(800 g)* oder 1000 g frischen Spinat
- 5 Schalotten
- ca. 3 cm frischer Ingwer
- 1 TL Sambal Oelek
- Salz
- frisch gerieb. Muskat
- neutrales Öl zum Anbraten

• Schalotten und Ingwer in Öl kurz anbraten • Mit etwas Basisbrühe ablöschen • Den aufgetauten Spinat dazugeben und 3 min dünsten • Mit der Kokosmilch und Brühe ablöschen • Alles weitere 3 min köcheln lassen • Mit Sambal Oelek, Muskat und Salz abschmecken.

• Spinat gibt es im Herbst frisch. Er ist natürlich reizvoller als der gefrorene, macht allerdings einige Mühe • Den Spinat verlesen, mehrmals in stehendem Wasser waschen und grob hacken. Dünsten, bis er zusammenfällt.

Zubereitungszeit: 20 min mit gefrorenem Spinat, 35 min mit frischem Spinat

Vegetarisch für Hunde? Ein- bis zweimal die Woche gern! Tiefgefrorenes Gemüse für Hunde oder die Schnelle Suppe? Klar, wenn Frisches fehlt! Wer seinen Hund viel bekocht, aber nicht regelmäßig zum Einkaufen kommt, ist mit tiefgefrorenem Gemüse gut bedient. Vitamine und Mineralstoffe bleiben erhalten, Ballaststoffe und Rohfaserstoffe für die Verdauung natürlich auch. Auch Fleisch gibt's tiefgefroren, sowohl in Tierbedarfsläden als auch im Internet zum Bestellen. Seinen Hund frisch zu ernähren, ist nicht schwierig, wie man sieht.

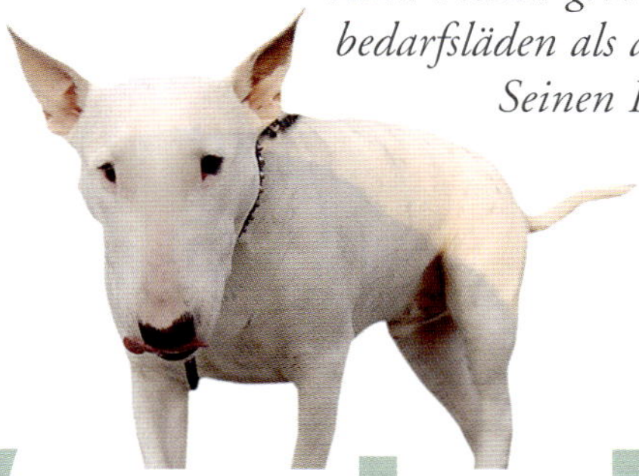

Vegetarisches für Arko

Einkaufsliste Hund

Im Supermarkt:

- verschiedenes TK-Gemüse (hier Mangold, Möhren)

auch:

- Pilze
- Spargel
- Kräuter

im Vorratsschrank:

- Kokosflocken
- Couscous
- Öl – hochwertig
- Reis

• Das Gemüse und andere Zutaten wie Kräuter oder Pilze möglichst langsam im Kühlschrank auftauen • Klein geschnitten mit wenig Wasser oder auch etwas Gemüsebrühe je nach Gemüseart ca. 3 min köcheln lassen • Die Kokosflocken dazugeben und weitere 3 min köcheln • Zur Seite stellen, abkühlen lassen auf Hundetemperatur • Vorm Füttern alles mit Olivenöl, Distelöl oder anderem hochwertigem Öl benetzen • Eventuell Flocken, Couscous oder Reis gekocht dazugeben • Bei seltener Knochenfütterung mörsern Sie eine Eierschale mehl-ähnlich fein und mischen diese unter das Gemüse zwecks Kalziumversorgung!

Eierschale: Reich an Kalzium, dass auch in Milch und Knochen enthalten ist.

Rohes

Für Hunde ist rohes Fressen das Vergnügen schlechthin!

ROHES

Roh belassene Lebensmittel sind – genau genommen – nicht etwa rohes Obst und Gemüse, sondern ungekochter Fisch und nicht erwärmtes Fleisch. Bedenkt man die lange Zeit der Sonneneinwirkung, ohne die Obst nicht reifen würde, ist ein süßer Apfel bereits gegart, wenn man hineinbeißt. So jedenfalls klang ein antroposophischer Vortrag zu den Wundern der Natur. Der rohe Fisch war uns wenig vertraut, bis asiatische Küchenkultur bekannt wurde. Tatar von rohem Rindfleisch ist seit langem bekannt und beliebt.

In der immer mehr Fastfood-orientierten Ernährung hat Rohes keinen sonderlich ausgeprägten Platz, denn es muss sehr frisch und gut zubereitet sein. Marinaden, in denen Fleisch und Fisch liegen, sind kleine Helfer, zersetzende Luft fernzuhalten, wenngleich ihr wahrer Nutzen das Würzen ist. Lange in Saurem liegender Fisch kann sogar als angegart bezeichnet werden.

Rohe Lebensmittel mit ihren naturbelassenen Inhaltsstoffen bereichern nicht nur gesundheitlich, sondern auch geschmacklich. Für Hunde ist rohes Fressen das Vergnügen schlechthin! Und es scheint, dass die Rohfütterung als Alternative zum Fertigfutter gerade Hochsaison hat. Wertvolle Proteine werden vermutlich durch Wärmeeinwirkung unbrauchbar, sodass auf rohes Fleisch nie ganz verzichtet werden sollte.

Vielleicht lassen wir uns ja davon inspirieren und richten nicht nur für den Hund öfter mal was Rohes an.

Hauptsächlich kennt man sie geräuchert. Pur gegrillt kommt ihr eigenwillig kräftiger Geschmack aber noch besser zur Geltung. Auch köstlich ist die französische Variante: Makrele in Weißwein oder Cidre-Essig pochiert. Roh mariniert bekommt sie nun einen leicht asiatischen Touch, der ein Kennenlernen unbedingt lohnt.

Makrele mariniert

Für 4 Personen

- pro Person ½ Makrelenfilet *(filetieren und entgräten lassen)*
- 300 ml Weißweinessig
- Salz
- zartes frisches Gemüse

für die Marinade:

- 1 Limone
- ca. 20 g frischer Ingwer
- 4 EL Olivenöl
- 1 TL Sesamöl
- Brauner Tequila
- 2 EL Sojasauce
- 3 Granatäpfel

• Den Weißweinessig in einem Topf leicht erwärmen, um das Salz aufzulösen • Filets in eine flache Schüssel legen, mit dem warmen Essig begießen und ca. 2 Stunden darin garen • Inzwischen den Saft von 2 Granatäpfeln in einer Orangenpresse vorsichtig auspressen. Dabei achtgeben, dass kein roter Saft spritzt oder die bitteren Zwischenhäute herausfallen • Die Hälfte des Saftes mit dem Limonensaft, Olivenöl, Sesamöl, Tequila und Sojasauce verrühren • Den frischen Ingwer hineinreiben • Den Essig abgießen und die Marinade über den Fisch geben • Mehrmals wenden • Mit Frischhaltefolie bedeckt 2 bis 3 Stunden im Kühlschrank durchziehen lassen • Inzwischen das Gemüse in sehr dünne Scheiben schneiden • Die Kerne aus dem dritten Granatapfel herausholen und zum Garnieren beiseite stellen • Zum Anrichten den marinierten Fisch auf das Gemüse legen • Mit der Marinade und dem restlichen Granatapfelsaft beträufeln • Die Kerne darauf verteilen.

Zubereitungszeit: 55 min Marinierzeit: 5 Stunden

Sind Ihre Makrelen sehr frisch, ist die Einlegezeit im Essig manchmal zu lang. Machen Sie kleine Geschmacksproben schon nach 60 Minuten. »Zu sauer« sollten Sie vermeiden.

*Wertvolle rohe Nährstoffe –
frisch zubereitet, sofort gefressen!*

Sie kaufen zusätzlich zur Makrele, die einen hohen Fettanteil hat, Reste von magerem Fisch, den es heute besonders frisch gibt. Hochwertiges Eiweiß, wertvolle Proteine und Omegafettsäuren machen einen Fischtag pro Woche zu leicht verdaulicher Diätkost, nicht nur für zu dicke Hunde.

Timmys Makrele & Reste

Einkaufsliste Hund

Reste:

- Makrelereste

aus dem Vorrat:

- Gemüsereste
- gutes Öl

• Allen Fisch durch den Fleischwolf drehen oder in der Küchenmaschine häckseln • Übriggebliebene Gemüse von der asiatischen Makrele im Mixer oder im Fleischwolf fein zerkleinern • Nach weiteren Resten aus dem Kühlschrank sehen, so auch Salat • 1 rohes Eigelb unter die Masse geben • Kokosraspeln über alles streuen • Mit etwas wertigem Öl, wie Distelöl, Leinöl, Lebertran, abschließen.

Zubereitungszeit: 30 min

Der Thunfisch gehört zur Gattung der Makrelen. Er schwimmt am liebsten in 180 m Meerestiefe. Die großen Fische werden für Konserven verwendet, nur die kleineren (bis ca. 70 cm) liegen in der Frischetheke. Für Hunde ist dieser edle Fisch zu teuer, aber als feiner Auftakt zu unserem Menü eine besondere Delikatesse und unbedingt zu empfehlen.

Thunfisch

Für 4 Personen als Vorspeise

- 2 dicke Scheiben Thunfisch (ca. 4 cm)
- 1 Bund Koriander
- 1 Limone
- ca. 3 cm frischer Ingwer
- 1 TL Sesamöl
- 2 EL Olivenöl
- 2 EL Sojasauce
- 1 Chilischote
- Salz

• Limonenschale abreiben • Den Saft auspressen • Ingwer schälen und reiben • Frische Korianderblätter zupfen und ein paarmal das Messer durchwiegen • Die Chilischote in feine Ringe schneiden • Den Saft der Limone, den Ingwer, die Sojasauce, das Sesamöl und das Olivenöl sehr gut verrühren • Den Thunfisch würfeln, unter die Sauce heben und auf Teller portionieren • Mit dem Koriander, den Chilis und der Limonenschale dekorieren.

Zubereitungszeit: 20 min

Frisch geriebener Ingwer hat eine sehr intensive Schärfe, die schnell eindringt und und heftig einheizt.

Das schiere feste Fleisch vom Thunfisch ist dem Rind fast vergleichbar. Immer köstlich zart, ob al dente oder durchgegart.

Thunfisch ist nur für unsere Teller, Seelachs für den Hundenapf. Ein Quickmenü oder Fastfood zum Schlankwerden, Gesundbleiben und Resteverwerten. Da unsere Zivilisationskrankheiten auch Haustiere nicht verschonen, ist Vorbeugung gegen Herz-Kreislauf-Probleme mit Fisch vielversprechend. Ungesättigte Fettsäuren für den Stoffwechsel und Jod für die Schilddrüse, die Hunde natürlich auch haben. Fisch liefert biologisch vollwertiges Eiweiß, Mineralstoffe, Vitamine (insbesondere Vitamin B12, Vitamin D), Kalium, Zink, Fluor, Jod, Omega-3- und Omega-6-Fettsäuren.

Einsteins Frischsalat

Einkaufsliste Hund

beim Fischhändler:

- Frisches Seelachsfilet

aus dem Vorrat:

- Salat oder Gemüsereste
- Olivenöl

im Gemüseladen:

- Möhren

• Seelachs gewürfelt, Möhren geraspelt, Salat klein geschnittenen in den Napf geben • Mit Oliven-, Distel-, oder Sonnenblumenöl beträufeln, umrühren, fertig!

Zubereitungszeit: wenige Minuten

Fleischwolfaufsätze gibt es meist als Zubehör für Küchenmaschinen und auch immer noch die handbetriebenen aus Gusseisen. Gemischtes oder pures Rind aus Schulterfleisch durchzudrehen ist schnell gemacht und man weiß, was drin ist. Selbstwolfen mit anderen Fleischsorten lohnt jederzeit für neue Experimente.

LammTartar

Für 6 Personen

- 500 g Lammkeule

für die Marinade:

- 4 Zwiebeln
- 4 Knoblauchzehen
- 8 EL Zitronensaft
- 1 EL Olivenöl
- 8 Zweige Thymian
- 6 Zweige Minze
- 1/2 EL gem. Kreuzkümmel
- Salz, Pfeffer

• Das Lammfleisch in ca. zwei cm große Würfel von schneiden • 3 Zwiebeln und den Knoblauch schälen und klein schneiden • Thymian und Minze fein hacken • Kreuzkümmel mahlen • Zwiebeln, Knoblauch, Thymian, Minze und den Kreuzkümmel im Zitronensaft und Olivenöl pürieren • Salzen und pfeffern • Das Fleisch mit der Marinade vermischen und 3 Stunden abgedeckt im Kühlschrank ziehen lassen • Die Würfel in den Fleischwolf geben und auf Teller portionieren • Mit dem Eigelb und den dünn in Scheiben geschnittenen Zwiebeln das Fleisch belegen und servieren

Zubereitungszeit: 35 min Marinierzeit: ca. 3 Stunden

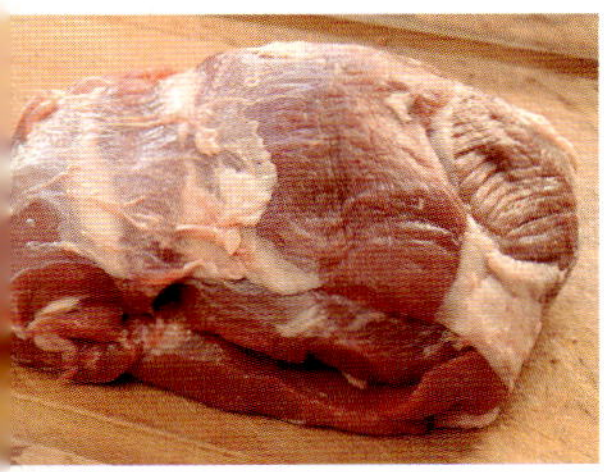

Vom Knochen gelöste Lammschulter: Wunderbares Fleisch.

Fleischwölfe mit Handkurbel bedient oder elektrisch betrieben – eine Küchenhilfe, die zu Unrecht in Vergessenheit geraten ist!

Ernährungswissenschaften sind so vielfältig wie Smarties bunt sind. „Fleisch nur roh wie beim Tartar" sagen die einen, „immer gekocht" die anderen. Bei allem Wissen und Informieren ist die eigene Überzeugung der entscheidende Faktor für die Ernährung unseres Hundes.

Rohfütterung

DIE ROHFÜTTERUNG haben viele Hunde ausprobiert und entgegen mancherlei Befürchtungen wunderbar vertragen. Die Vorteile des naturbelassenen Fleisches, welches auch schon Vorfahr Wolf hauptsächlich gefressen hat, sind überzeugend und sollten im Fressplan einen Platz finden. Mein eigener Hund bekommt rohes Fleisch regelmäßig, aber nicht täglich. Einmal die Woche einen rohen Hühnchenschenkel seit 4 Jahren und spontan mal Hack oder frisches Rohes vom Schlachter. Frida hat glänzendes Fell und strotzt vor Gesundheit.

GEMÜSE war in der Beute des Wolfes immer vorverdaut, was erklären könnte, dass die in Fachbüchern beschriebenen Vorteile des rohen Gemüses nicht durchgängig überzeugend sind. Kochen ist vermutlich dem Vorverdauten vergleichbar und wird gut vertragen und verwertet. Roh gefüttert hingegen bedarf es einer gewissen Vorbereitung. Das Gemüse muss sehr klein geraspelt sein und immer in Verbindung mit Öl gegeben werden. Hunde sind ebenso individuell wie wir Menschen auch. Gesunder Menschenverstand reicht aus, um zu erkennen, ob Rohes vertragen wird oder nicht.

DAS FRESSEN ganzer Tiere ist wegen fehlender Praxis für ungeübte und sehr kleine Hunde vielleicht ein Problem. Das »(Zer)Reißen der Beute« kann aber auch ein Fleischwolf übernehmen. Probieren Sie einfach ein paar Rohkostvarianten aus und seien Sie nicht zu zaghaft. Übertriebene Vorsicht ist bei weichem Fleisch, wie Huhn und Kalb, nicht nötig. Harte Knochen vermeiden Sie wegen Verstopfung sowieso.

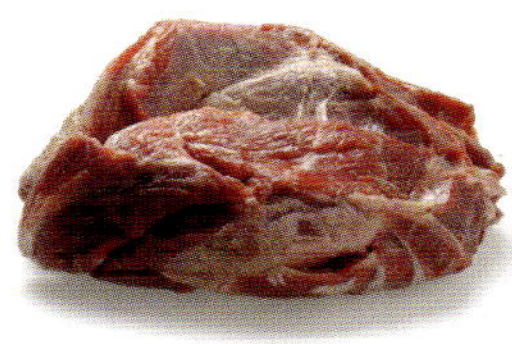

Getrocknetes

Für Hundebesitzer ist das Dörren eine ganz wunderbare Möglichkeit, selbst feinstes Trockenfutter herzustellen.

GETROCKNETES

Lebensmittel werden durch Wasserentzug haltbar gemacht bzw. getrocknet. Wärme oder Wind sind einfachste Mittel der Natur. Dörrgeräte, Trockenschränke, eine Heizung oder der Backofen können das Gleiche, nur künstlich. Backpflaumen, getrocknete Tomaten oder Rosinen stehen im Supermarktregal. Alle anderen Lebensmittel können Sie sehr einfach selbst trocknen. Für Hundebesitzer ist das etwas in Vergessenheit geratene Dörren eine ganz wunderbare Möglichkeit, selbst feinstes Trockenfutter herzustellen. Ob für die besten Leckerlis der Welt aus Fleisch oder als volles Futter mit allen wichtigen Zutaten – es ist eine wahre Entdeckung! Einmal angewöhnt, wird getrocknet, was schlecht zu werden droht, was gerade im Angebot ist oder als Trockenware besonders schmackhaft wird, wie z.B. Ananas.

Der Entzug des Wassers nimmt Fäulnisbakterien die Lebensgrundlage, erhält aber Mineralstoffe, Vitamine und Nährsalze. Zusätze wie Zucker und Zitronensäure können Sie beim Selbsttrocknen vermeiden, denn sie verfälschen den Geschmack und sind nicht gesund. Die getrockneten Vorräte können auch beim Kochen und Würzen raffinierte Ergänzungen sein. Getrocknete Erdbeeren, im Mixer zu feinen Körnern gemahlen, sind nicht nur dekorativ, sondern auch ein ungewöhnlicher Geschmacksakzent. Im Salat, auf blauem Schimmelkäse, in einer Sauce oder über einem Fischgericht. Ihrer Kreativität sind keine Grenzen gesetzt.

Ob ein Dörrgerät geeignet ist, die Ofenresthitze besser wäre, ob Sie mit Backpapier bzw. Dörr-Rahmen auf der Heizung richtig liegen oder die natürliche Variante im Sommerwind bevorzugen, ist Erfahrungssache. Ausführliches lesen Sie dazu unter: www.isswasdog.de

Ob Sie Kartoffelchips kaufen möchten oder Speckchips herstellen wollen: Sorgen Sie vor, der nächste Tatort kommt bestimmt! Kaufen Sie beim Metzger verschiedene Sorten Schinkenspeck, trocknen Sie die Scheiben auf der Heizung und machen Sie eine Speckprobe.

Kaiser Speck Chips

- 300 g Schinken oder Schinkenspeck, sehr dünn geschnitten

- Die Scheiben einzeln über eine Leine hängen und über der Heizung trocknen. Mit der Hand in kleine Stückchen reißen oder schneiden. Sind Ihnen Chips allein zu langweilig, machen Sie sich ein paar leckere Dips dazu. Zubereitungszeit: 8 min

Für den Chips-Charakter muss der dünn geschnittene Schinken oder Speck der Luft ausgesetzt werden. Das kann im Winter Heizungsluft sein, im Sommer der Wind oder auch die Sonne. Hängen Sie die Scheiben wie Wäsche auf eine Leine oder legen Sie sie auf Siebe oder Tücher. Auch Trockenschränke und Dörrgeräte sind sehr gut geeignet und lohnen sich, wenn Ihre Begeisterung über ein Ausprobieren hinausgeht und Sie permanent trocknen möchten.

Das vielfältige Angebot an Speck- und Schinkensorten – besonders aus Österreich und der Schweiz – sollten Sie unbedingt ausprobieren.

Für Hunde eignen sich keine Kaiserspeck-Chips! Aber rohes Fleisch nach dem gleichen Prinzip herzustellen, hat mindestens einen Stern verdient und ist unbenommen eine Delikatesse für Hunde. Waldis machen Sitz, Platz und sehr lange Bleib, wenn sie die Trockenfleisch-Leckerlis in Ihrer Tasche riechen.

Waldis Trockenfleisch Leckerlis

Einkaufsliste Hund

beim Schlachter:

- 300 g Fleisch nach Wahl *(ausgenommen Schwein)*

• 300 g Fleisch im Eisschrank anfrieren • Auf der Brotschneidemaschine dünne Scheiben schneiden • Auf einem Dörrrahmen über die Heizung hängen • Nach kurzer Trocknungszeit die Scheiben »ernten« und in kleine Stückchen schneiden • Als Leckerli nur sparsam geben, denn Fleisch pur ist sehr gehaltvoll • Die Snacks sollten nicht sättigen und dicke Hunde gibt es schon genug.

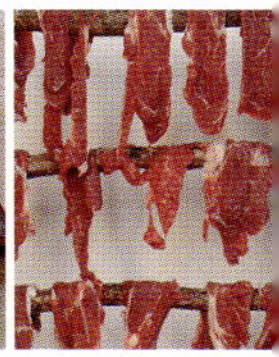

Fleisch trocknet am besten über der Heizung, während im Ofen schnell zu viel Fett austritt.

Das sichere Wissen, eine Tütensuppe ohne Zusatzstoffe zu essen, ist ein schöner Vorteil bei selbst gemachtem Fastfood. Aus einem Vorrat an verschiedenen getrockneten Zutaten eine spontane Mischung zu mixen, macht diese Zwischenmahlzeit besonders attraktiv.

TütenSuppe a la casa

Für den Vorrat:

- 10 Möhren
- 3 Petersilienwurzeln
- 1 Sellerieknolle
- 1 Kohlrabi
- 2 Stangen Porree
- 8 cm Ingwerwurzel
- 200 g Speck
- 500 g Cherrytomaten
- 500 g Pilze
- 1 Bund Thymian
- 1 Bund Rosmarin
- 1 Bund Liebstöckel
- Lorbeerblätter

• Das Gemüse schälen und in dünne Scheiben oder Streifen schneiden • Den Speck, alle Kräuter und Gemüse trocknen und getrennt in Leinensäckchen oder Gläser füllen • Dunkel und trocken lagern • Für eine Suppe getrocknete Zutaten aussuchen und in der Küchenmaschine zu Pulver mahlen • Lorbeer vorher sehr fein hacken und zwischen den Fingern bröseln • Auf geschmacksintensive Zutaten, wie Pilze, Porree oder Lorbeer achten • Mit heißem Wasser aufbrühen und 10 min köcheln lassen. Für eine feine Brühe durch ein Gazetuch oder feines Sieb gießen.

Die getrockneten Gemüse am besten immer erst kurz vor dem Aufbrühen mahlen, dann ist der Suppengeschmack am intensivsten.

Das Schönste am Trocknen ist der Duft beim Mahlen der Zutaten im Mixer. Unbeschreiblich intensiv.

Alle Zutaten sind pure Lebensmittel, unbehandelt, nicht konserviert.

Trockenfutter und keine Fertigware? Kaufen Sie die Tütensuppen- und Trockennfutter-Zutaten zusammen ein. Eine bunte Hundemischung und Suppeneinlagen auf Vorrat. Beides A LA CASA. Nur das Beste. Hunde sind wie alle Wesen sehr individuell. Testen Sie unterschiedliche Fütterungsarten für Ihren Freund aus. Grosse Brocken oder kleine Würfel, je nach Fressgeschwindigkeit und Schnauzengröße. Kurz heiß eingeweicht oder pur gegeben. Bestimmte Zutaten gemahlen, andere ganz belassen. Vorlieben und Abneigungen dürfen gern beachtet werden! Mehr Information finden Sie unter www.iss-was-dog.de/trockendog

Taras Trockenfutter a la casa

Einkaufsliste Hund

Reste:

- aus dem Kühlschrank

im Gemüseladen:

- Äpfel
- Champignons
- Bleichsellerie
- kleine Kartoffeln

aus dem Vorratsschrank:

- Kokosflocken

beim Hundefleischer:

- Lunge
- Rindfleisch

• Alles Gemüse säubern, oder schälen, würfeln und 3 min. kochen, um Schadstoffe zu reduzieren • Wasser wegschütten • Fleisch in Scheiben schneiden • im Winter alles auf Trockenrahmen ausbreiten und ca. 1 Tag auf der Heizung trocknen • eventuell 1 mal wenden • In Blechdosen, Gläsern, oder Leinenbeuteln dunkel lagern.

Eine herzhaft süße Verführung. Alle Gäste dippen am Tisch frisch getrocknete Mango in geschmolzene Chilischokolade. Ein Stövchen hält die Sauce warm und flüssig. Perfekt dazu: eine schöne Eiscreme-Sorte, mit der die schokogetunkten, noch warmen Mangoscheibchen benetzt werden. Wenn solch unterschiedliche Temperamente und Temperaturen zusammenkommen, schwer zu beschreiben, wie wunderbar das schmeckt.

Mango in ChiliSchokolade

Für 4 Personen

- ganze Mangos
- 1 Tafel gute Schokolade
- 2 kleine Chilischoten, getrocknet

Der Kakaobutteranteil reguliert die Schmelzfähigkeit. 35% ist zu empfehlen.

• Mangos kaufen, wenn Sie gut gereift sind • Immer auch an Vorräte denken • Die Frucht schälen und längs in dünne Scheiben schneiden (Brotmaschine) • Zu kleine Stücke für den Hund mittrocknen • Alle Scheiben auf ein Backpapierblech legen • Mehrmals wenden • 2 Stunden bei 90 °C im Ofen trocknen • Für die Chilisauce gute Schokolade klein hacken • In einer Schüssel im Wasserbad sehr langsam, niedrig temperiert schmelzen lassen • Achtgeben, dass kein Wasser in die Sauce kommt • 2 getr. Chilischoten im Mörser fein mahlen, druntergeben • Auf einem Stövchen warm halten • Die Mangos aus dem Ofen nehmen, wenn noch Restfeuchte in der Frucht ist • Eis in einer Schüssel auftischen • Getrocknete Mangos noch warm in die Chilischokolade dippen und mit Eis benetzen.

Zubereitungszeit: 40 min Trockenzeit: 2 Stunden

Beim Schmelzen der Schokolade das Wasserbad kurz unter 50° C halten. Ca. 20 Sek. rühren, sobald die Raspeln zu zerlaufen beginnen.

Zum Trocknen ungeeignet sind Melonen. Unpraktisch und für Hunde nicht gut: Weintrauben.

Süße Mango für den Hund? Banane, Ananas, Äpfel oder Pflaumen? Nehmen Sie verschiedenes Obst zum Testen, und trocknen Sie es mit der Mango zusammen im Ofen. Früchte und Beeren, die von Wölfen gefressen werden, sind häufig schon von der Sonne getrocknet. Wir machen es jetzt ähnlich. Bestes Trocknen gelingt auf selbst gebauten oder gekauften Dörr-Rahmen auf der Heizung.
www.isswasdog.de

Johnnys süße Früchtchen

Einkaufsliste Hund
Reste:
- alle reifen Früchte

im Gemüseladen:
- Äpfel
- Ananas
- Pflaumen
- Erdbeeren

• Reife Früchte der Saison kaufen • Waschen, Kerne entfernen oder schälen • In der Brotmaschine möglichst dünne Scheiben schneiden oder anders teilen • Mit Backpapier aufs Blech legen • mit den Mangos bei 90 °C im Ofen trocknen • In Leinensäckchen, Papiertüten oder Gläsern dunkel lagern • Gefällt Ihre Früchtewahl Lina nicht, versuchen Sie es als Pulver gemahlen im Fressen. Hunde brauchen oft Gewöhnungszeit.

Würziges

*Für Mensch und Tier, für jeden Geschmack
und jeden Bedarf ist ein Kraut gewachsen.*

WÜRZIGES

Sie heißen Carum carvi, Crocus sativus, Coriandrum sativum oder wie wir es kennen: Koriander, Safran, Kümmel und, und, und... Die Welt der Würze ist groß. Farbig und bunt, belebend, erwärmend und vor allem unbeschreiblich duftend. Frisch zerstampfte Körner, fein gehackte Kräuter – köstlich!

Hunden entgeht vieles, was zu scharf für ihre Nasen und deshalb tabu ist. Aber Würzen für sie ist anders möglich. Nicht mit Salz und Pfeffer, auch nicht mit Chili oder Curry, aber durchaus mit Kümmel, Lorbeer, Seealgenmehl, Brennnessel, Dill, Löwenzahn, Borretsch, Petersilie. Ebenso ist Fressen, das in kräftigem Fleischfond gegart wird, würzig genug – auch ohne Salz und Pfeffer.

Kräuter-Öle selbst herzustellen lohnt sich auf jeden Fall. Sie können die frischen Kräuter ganz nach Geschmack mischen und immer wieder etwas Neues ausprobieren. Die Natur bietet Vielfalt von allem. Für Mensch und Tier, für jeden Geschmack und jeden Bedarf ist ein Kraut gewachsen. Und für Ihre selbst angesetzten Kräuteröle werden Sie garantiert Lorbeeren ernten.

Joghurt heute zum „Käsen" aufgesetzt, ist ganz ohne Arbeit morgen schon frischer Aufstrich fürs Frühstücksbrot. Im Frühling oder Sommer frisch duftende Kräuter daruntergemischt, ist er an Frische nicht zu überbieten. Der Käse, mit Würzvarianten im Ofen erwärmt, ist eine zu empfehlende Beigabe für Salate im Herbst oder Winter.

Frischkäse selbstgemacht

Zutaten

- 250 g Joghurt 3,5 % Fettgehalt
- 250 g Joghurt 10 % Fettgehalt
- Salz, Pfeffer

• Für den Käse 3,5 %-igen und 10 %-igen Joghurt (je 250 g) mischen • Die Masse in ein grobmaschiges Geschirrhandtuch geben • Im Sieb an einem kühlen Ort ca. 24 Stunden abtropfen lassen • Die leckere Molke frisch trinken • Käse mit Salz, Öl und Kräutern als Brotaufstrich verwenden oder Würzvarianten probieren • Die verschiedenen Würzvarianten in kleinen hitzebeständigen Schälchen im Ofen 20 min bei 180 °C erhitzen • Schälchen als warme Salatbeigabe servieren.

Gewürzmischung 1

Den Käse mit 1 Teil gehackter Minze + 4 Teilen glatter Petersilie, Zitronensaft und etwas Olivenöl verrühren.

Gewürzmischung 2

Den Käse mit frischem, gehacktem Rosmarin, Honig und geriebenem Apfel vermischen.

Gewürzmischung 3

Den Käse mit angebräuntem Sesam und im Mörser zerriebenem getr. Thymian und getr. Oregano zu gleichen Teilen mischen.

Noch warm mit etwas Öl bestrichen, bleiben die kleinen Knochen länger geschmeidig.

Sie kaufen für sich Frischkäsejoghurt. Ihr Hund bekommt Kräuterquark zu Leckerlis getrocknet. Belohnungskekse unterwegs sind zum Kennenlernen unbekannter Kräuter bestens geeignet. Quark nimmt wunderbar alle Aromen auf. Sie können viel probieren. Haben Sie bei Ihrem Begleiter den Geschmack getroffen, wird er auch zu Hause wiedererkannt und gemocht. Immer kleine Kräuter Mengen nehmen.

Waldis Kräuterquark getrocknet

Einkaufsliste Hund

beim Schlachter:

- 500 g Quark, 40 %
- wenig Kräuter
- etwas Olivenöl
- etwas Honig

mögliche Kräuter:

- Seealgenmehl
- Alfalfa
- Brennessel
- Dill
- Löwenzahn
- Borretsch
- Petersilie

• Den Quark für ein paar Stunden in ein Tuch zum Abtropfen geben • Die Kräuter gleichmäßig mit der Masse verrühren • Das Backblech mit einem sauberen, angefeuchteten Geschirrtuch abdecken • Darauf den Quark ca. 0,8 cm dick verteilen • Keksformen ausstechen und bei 50 °C den Quark trocknen, bis der Teig fest wird • Noch warm die Kekse umdrehen und vorsichtig vom Tuch lösen • Im Sommer die Masse in der Sonne trocknen.

Kräuter liegen mit dem Wunsch nach frischen, einfachen Zutaten voll im Trend. Die Kräutersaison ist kurz und die Sehnsucht nach frischen grünen, duftenden Blättern außerhalb der Erntezeiten entsprechend groß. Was liegt da näher, als zu konservieren. Wenige, aber gute Zutaten für aromatisierte oder gewürzte Öle bereichern jede Küche und lohnen in Varianten als Vorrat für jedes Gewürzregal.

Aroma- & Kräuteröle

Zutaten

- 400 ml mildes Olivenöl
- 1 großer Bund Basilikum

Zum Verarbeiten

- 1 Weckglas
- 1,5 Monate Sonne

• Gutes mildes Olivenöl als Basis nehmen • Basilikum sehr vorsichtig zupfen, waschen und zum Trocknen auslegen • Das Weckglas in kochendem Wasser sterilisieren • Die trockenen Basilikumblätter hineinfüllen und mit Olivenöl bedecken • Verschlossen am sonnigsten Platz in der Wohnung oder dem Wintergarten für das Aromatisieren 1,5 Monate stehen lassen • Um Schimmel zu vermeiden, das Glas 2 x wöchentlich drehen • Öl in ein dunkles Gefäß sieben, Basilikum wegwerfen • Dunkel gelagert hält das Öl bis zu einem Jahr.

Aromaöle mit weichen Kräuterblättern sind auf diese Weise gut herzustellen. Harte, kleinblättrige Kräuter sollten fein gemahlen direkt ins Öl gegeben werden, um ihr Aroma besser entfalten zu können.

Frisches weißes Brot zusammen mit etwas Salz in das Öl getunkt. Ein köstliches Food-Aperetif für den ersten Schluck Wein.

Getrocknete Früchte im Mörser mahlen und ins Fressen geben

Für Kräuteröle:
Basilikum,
Majoran, Oregano,
Himbeerblätter

In kleinen Mengen gemahlen ins Futter:
Salbei, Thymian, Anis,
Himbeerblätter

Frischwürze im Futter:
Petersilie, Kresse,
Katzenminze, Löwenzahn,
Brennnessel, Kerbel

Rezept für Wohlbefinden:
100 ml Walnussöl,
1 ½ TL gem. Fenchelsamen,
⅓ TL gem. Kümmel,
1 TL gem. Anis

Basisöle:
Distelöl,
Olivenöl,
Leinsamenöl,
Borretschöl,
Nachtkerzenöl,
Walnussöl,
Rapsöl

Ein Würzrezept mit gemahlenen Zutaten:
20 g getr. Sellerieblätter,
ein Lorbeerblatt, zu Mehl
zerstampfte Eierschale,
1 TL Kümmel, ½ TL Grünlippenmuschelpulver, 5 g getr.
Salbeiblätter

Aromaöl mit Basilikum schmeckt auch Hunden. Es wirkt sogar fördernd auf die Verdauungsvorgänge in Magen und Darm.

hunde würze

Sie können Kräuter und Gewürze ganz unterschiedlich darreichen. Machen Sie einen Tee, mischen Sie trockene Pülverchen zusammen oder setzen Sie Aromaöle an. Verwenden Sie die Gewürze sowohl, um den Geschmack zu verbessern, aber auch um das Wohlbefinden zu fördern. Probieren Sie mit kleinen Mengen, was Ihr Hund verträgt und mag. Um optimale Kräuter und Mengen herauszufinden, ist Feingefühl und Beobachtungsgabe gefragt. Das ist nicht anders als bei Ihnen selbst auch.

WÜRZE	NUTZEN
Bärlauch	appetitanregend
Petersilie	entgiftend
Anis	appetitanregend
Kümmel	gegen Blähungen
Salbei	gegen Blähungen, krampflösend, entzündungshemmend
Rosmarin	desinfizierend
Arnika	durchblutungsfördernd
Brennnessel	entzündungshemmend
Feigen	blutreinigend
Knoblauch	verdauungsfördernd
Löwenzahn	auf der Haut bei Insektenstichen desinfizierend
Kerbel	blutreinigend
Lorbeerblatt	zum Würzen
Honig	zum Würzen, antiseptisch

register

Gerade Zahlen = Menschenrezept **Ungerade Zahlen =** Hunderezept

DANKE:
Frida, Ursprung für alles und exzellente Fressberaterin!
Anne, Wortschöpferin des Titels und Text-Expertin.
Dirk, großer Aufräumer und wertvoller Formgeber.
Felix, ständiger Begleiter des Buches und von Frida von Anfang an. Alles im Visier, zur rechten Zeit eingesprungen. Erneuert, geändert, beraten, und schließlich das Layout gestaltet, wie es allen gefällt.

Zuspruch, ewiges Interesse, Ratschläge, Geduld- und Mutmacher: Frida selbst, Mareike, Betti, Inken, Sabine, Uli, mein Vater, Stefanie, Karin, Sabine, Stefan, Julia, alle Fotomodelle, Hunde und sehr viele mehr!

Was wäre ohne euch aus dem Buch geworden?

Idee und Umsetzung: Sabine Hans
Fotoaufnahmen: Sabine Hans
Titeltext: Anne Twinting
Gestaltung, Layout: Felix Bringmann, Dirk Rohe
unter Verwendung der Fotos von Sabine Hans
www.isswasdog.de

Bibliografische Information der Deutschen Nationalbibliothek
Die Deutsche Nationalbibliothek verzeichnet diese Publikation in der Deutschen Nationalbibliografie; detaillierte bibliografische Daten sind im Internet über http://dnb.ddb.de abrufbar.

Gedruckt auf chlorfrei gebleichtem Papier

ISBN 978-3-440-10812-3
Redaktion: Angela Beck
Produktion: Kirsten Raue / Eva Schmidt
Printed in Italy / Imprimé en Italie